BOB
FIESES
Glitzer
hisssss...
SchwabbelBAUCH
Werwolf
Katze
Beste
Freundin
Zoe

Meredith Costain

ELLAS WELT

Meredith Costain

Für Zach Warnest-Knowles und die „echte" Lissi sowie zum Andenken an Harriet, die Wunderkatze. – M. C.

Für meinen wunderbaren Mann Ray. Ich liebe dich. – D. M.

Danielle McDonald

FSC www.fsc.org
MIX
Papier aus verantwortungsvollen Quellen
FSC® C083411

Titel der australischen Originalausgabe:
„Ella Diaries – I Heart Pets"

Einband-/Umschlagmotiv: Danielle McDonald
Umschlaggestaltung, Satz und Lettering: Ortrud Müller, Die Buchmacher – Atelier für Buchgestaltung, Köln
Gesetzt aus der Sweettie Pie
Druck und Einband: CPI books GmbH, Leck – Germany

Printed in Germany
ISBN 978-3-414-82505-6

2 4 5 3 1

Meredith Costain

Ein Herz für Tiere

Übersetzung aus dem australischen Englisch von Ann Lecker

Mit Illustrationen von Danielle M'Donald

Boje

Freitag nach der Schule

Liebes Tagebuch,

manche Tage sind einfach besser als andere. Na, und heute war genau einer dieser Tage. Es war sogar ein außergewöhnlich ausgezeichneter, hervorragender, großartiger und sehr, sehr GUTER Tag.

Jedes Jahr findet an der Schule ein Berufstag statt. Letztes Jahr hatten wir den Tag der Notdienste mit der Polizei, der Feuerwehr, Sanitätern und einem ECHTEN Löschfahrzeug.

Wir dachten, das Feuerwehrauto würde den Feuerwehrleuten gehören, die gekommen waren, um mit uns zu reden. Doch dann stellte sich heraus, dass das Löschfahrzeug einer ANDEREN Feuerwehr~~trupe~~truppe gehörte, die einen echten Brand an der Schule löschen musste. Herr Zugaro hatte aus Versehen Feuer gelegt, als er Frau Diablo zeigte, wie man aus einem Teebeutel eine Rakete macht.

Aber zum diesjährigen Berufstag waren alle Gäste Tierexperten. Ich ♥ Tiere MEHR ALS ALLES ANDERE (außer vielleicht Schokoladenkuchen). Ich frage Mama und Papa ständig, ob wir mehr Haustiere haben können, aber leider ist die Antwort immer Nein.

Es BRICHT MIR DAS HERZ, liebes Tagebuch.

Ein paar Experten brachten die Tiere, mit denen sie arbeiten, in die Schule mit. Ich war **SO AUFGEREGT!** Diese Experten (und Tiere) haben wir getroffen:

1. Carlos (Tierpfleger) und Erica, eine riesige Vogelspinne aus dem tropischen Queensland (eine Gegend von Australien), die bellt und pfeift

2. Minnie (Therapiehundeführerin) und Coco, ein Labradoodle-Welpe

3. Jess (Pferdepflegerin und -trainerin)

4 Albert (Wildtierpfleger) und Wally, ein gerettetes Wombat-Junges

5 Effie (Reptilienforscherin) und Charlie, eine schlüpfrige Schlange

Zoe war total enttäuscht, dass Jess keine Pferde mitgebracht hatte, auf denen wir reiten konnten. Zoe ist eine PFERDENÄRRIN.

Aber als sie Charlie sah, wurde sie ganz blass und fing an zu zittern. Zoe hat schreckliche Angst vor Schlangen, seit sie mal bei einem Familienpicknick im Wald beinahe versehentlich auf eine getreten war und die Schlange sie angefaucht hatte.

Coco, das Labradoodle-Weibchen, war so **SÜSS!** Minnie sagte, dass wir sie streicheln dürften, wenn wir sie ganz sanft berührten. Natürlich musste Prinzessin Penny Protz Parker (die nervigste, lästigste, unerträglichste und unangenehmste Person ~~der Welt~~ des Universums) sie in den Arm nehmen und **EWIG** halten, sodass niemand anders mehr an die Reihe kam.

Sie erzählte Minnie immer wieder, wie gut sie mit Tieren umgehen könnte, vor allem mit Welpen, und dass sie auch Therapiehundeführerin werden will, wenn sie groß ist. Und sie stellte ihr so Fragen wie: „Wie alt sind die Hunde, wenn sie mit dem Training anfangen?“ und „Wie lange dauert ihre Ausbildung?“

Jeder mit auch nur dem klitzekleinsten Grips hätte die Antworten gewusst, denn Minnie hatte uns das alles schon erklärt. Penny wollte sich einfach nur

EINSCHLEIMEN!

Jedenfalls, ich wäre eine VIEL bessere Therapiehundeführerin als Penny. Penny hat nicht mal einen Hund zu Hause. Ich hingegen habe Bob*, den ich jeden Tag RUND UM DIE UHR im Griff haben muss.

* Bob ist ein sehr großer, schlabbernder Golden Retriever, der eine MENGE fachkundige Betreuung benötigt, damit er nicht ständig in die Patsche gerät.

Effie wählte ein paar Kinder aus, die Charlie halten durften.** Aber niemand wollte Erica, die Vogelspinne, streicheln. Nicht einmal „die alle Tiere liebende“ Penny. (Leider).

**Auch wenn Effie bestimmt sehr intelligent ist, weil sie in ihrem Beruf Reptilien und Amphibien erforscht, war es eine SEHR SCHLECHTE Idee, Will Adams eine Schlange halten zu lassen. Frau Weiss bat Will, allen zu beschreiben, wie sich Charlies Haut anfühlte, und er meinte, sie wäre ganz schlüpfrig und schleimig. Doch Frau Weiss erwiderte: „Bist du sicher? Schlangen haben eigentlich keine schleimige Haut.“ Worauf Will antwortete: „Aber sie ist schleimig, Frau Weiss. Warum ist sie schleimig? Pinkelt sie mich etwa voll???“

Nachdem alle Tierexperten mit ihren Vorträgen fertig waren, fragte Frau Weiss, ob jemand aus unserer Klasse mit Tieren arbeiten wollte, wenn wir mal groß sind.

Vier Schüler hoben die Hand.

1. Ich (natürlich!!)

2. Cordelia (die ganz VERRÜCKT nach Wombats ist)

3. Gabriel (er zählt aber nicht, weil er nur fragte, ob er aufs Klo darf)

4 Prinzessin Penny, die Schleimerin (die wahrscheinlich nur die Hand gehoben hatte, weil sie gerne im Mittelpunkt steht)

Und dann durften wir jeder eine Frage stellen.

Cordelia wollte wissen, wie lange Wombats leben. Und die Antwort war: fünf bis über dreißig Jahre! Sie freute sich total darüber, vor allem als Albert ihr erlaubte, den goldigen Wally zu halten und ihn mit der Flasche zu füttern. Alle waren ganz eifersüchtig, vor allem IHR WISST SCHON WER.

Dann fragte ich, ob ich jetzt schon etwas machen könnte, um einen Job mit Tieren zu bekommen, wenn ich mit der Schule fertig bin. Und Penny rief sofort mit dieser total melodramatischen, weinerlich-einschleimenden Stimme: „Ja, das möchte ich auch gerne wissen, denn ich will UNBEDINGT mit Tieren arbeiten. Tiere sind MEIN LEBEN! Und ich will alle gefährdeten Tiere wieder ungefährdet machen."

Daraufhin drehten sich alle Tierexperten von mir weg und lächelten stattdessen Penny auf diese widerlich süße Art an. Das machte mich

SOOOO WÜTEND!

Und dann erklärten sie Penny, dass sie am besten jetzt schon anfangen sollte, so viel wie möglich über verschiedene Tiere herauszufinden, während sie noch in der Schule ist. Und das könnte sie am besten machen, indem sie sich ein Tier auswählte, das sie gern mochte, und einen Steckbrief darüber schrieb. Mit so Kategorien wie Größe, Verhalten und Habitat (das ist ein ausgefallenes wissenschaftliches Wort für den natürlichen Lebensraum von Tieren).

Penny schenkte ihnen dieses total falsche Lächeln und erwiderte: „Oh, das ist eine gute Idee. Danke! Ich fange SOFORT damit an."

Die Tierexperten lächelten alle zurück und sagten, wie wundervoll die Begeisterung junger Menschen für Dinge war, die ihnen am Herzen lagen.

Und dann sagte Frau Weiss, sie würde Penny ein besonderes Fleißsternchen dafür geben, dass sie so viel Hingabe und Engagement zeigte. Das machte ihr großes falsches Lächeln nur noch größerer und falscherer.

AAAAAAHHHHHHH!

Manchmal macht mich Penny so stinkwütend, dass ich kotzen könnte!

Ich wette mit dir, dass sie gar keine Steckbriefe schreiben wird. Aber ich schon. Weil Tiere mich wirklich begeistern. Ich werde sogar SOFORT damit anfangen.

Denn wie du weißt, haben wir zum Glück gleich hier bei uns zu Hause ein sehr großes Tier, das ich sehr mag. In genau diesem Augenblick gehe ich in die Küche (sein Habitat), um es zu finden.

Bis später, Tagebuch!

Freitagnacht vorm Schlafengehen

Liebes Tagebuch,

Hier ist der STECKBRIEF, den ich über Bob angefangen habe.

TIER STECKBRIEF #1

Name: Bob
Rasse: Golden Retriever*
Farbe: Gold
Fell: lang und struppig (außer der Stelle neben dem Ohr, wo mein kleiner Bruder Max versucht hat, ihm mit seiner Kindergartenschere das Fell zu schneiden)

Alter: viereinhalb.

Gewicht: eine **MENGE** (vor allem, wenn er auf einem sitzt, während man auf dem Boden liegt und fernguckt)

Appetit: riesengroß hoch 10

Beste Angewohnheit: einem durchs Gesicht schlecken (es bringt mich zum Lachen!)

Übelste Angewohnheit: **GIGANTISCHE**, stinkige Würste machen, die ich bei unseren täglichen Spaziergängen mit einem besonderen Hundebeutel aufheben muss

*„Retrieve" („rietriehw" ausgesprochen) ist Englisch für „apportieren", was „etwas holen und zurückbringen" bedeutet. Die Sachen, die Bob am liebsten apportiert, sind:

1. Die Wäsche an der Leine

2. Papas Hausschuhe

3. Essen, das unbeaufsichtigt herumliegt (vor allem KÄSE)

Doch sobald er eins dieser Dinge apportiert hat, frisst er es eigentlich immer gleich auf (oder reißt es in kleine Stücke).

Das macht Spaß!

Aber nur für den Fall, dass Penny doch anfängt, einen Steckbrief über irgendein Tier zu schreiben, muss ich noch mehr zusammenstellen, damit Frau Weiss und alle anderen sehen, dass ich noch viel engagierter und begeisterter bin als sie. Und das bedeutet, dass ich MEHR TIERE erforschen muss.

Morgen werde ich Mama und Papa fragen, ob wir noch mehr Haustiere haben können – ein Fall von

ÄUSSERSTER DRINGLICHKEIT

Gute Nacht, liebstes Tagebuch. Wünsch mir Glück! Ich drück dich!

Samstagabend, kurz bevor das Licht ausgeht

Liebes Tagebuch,

ich legte gleich am Morgen mit meiner Mehr-Haustiere-Kampagne los.

Ich fragte Papa, ob er mir helfen könnte, zum Frühstück Pfannkuchen zu backen. Mama LIEBT Pfannkuchen. Ich dachte, das würde sie in gute Laune versetzen. Denn mir ist etwas aufgefallen: Wenn Mama gute Laune hat, hat Papa auch gute Laune. Und wenn Leute gute Laune haben, ist es wahrscheinlicher, dass sie deinen Plänen zustimmen.*

*Es sei denn, deine Pläne sind total bescheuert, wie zum Nordpol ziehen, damit jeden Tag Weihnachten ist, oder mit einem eigenen Privatjet zur Schule düsen wollen. Aber stell dir bloß vor, wie FanTASTisch es wäre, wenn jeden Tag Weihnachten wäre!!

Und das ist passiert:

Ich (superlieb): Willst du noch mehr Ahornsirup auf deine Pfannkuchen, Mama?

Mama (misstrauisch): Danke, Ella. Hast du schon wieder meinen Föhn benutzt?

Ich (schockiert): Nein. Wie kommst du darauf?

Mama (zwinkert Papa zu): Einfach so.

Warum vermuten Mütter immer, man hätte etwas angestellt, wenn man etwas Nettes für sie macht? Ich startete einen neuen Versuch.

Ich: Mama?
Mama: Ja, Ella.
Ich: Können wir ein paar Haustiere haben, bitte?

Mama: Aber wir haben doch schon Bob.
Olivia (gibt Bob heimlich unter dem Tisch ein Stück von ihrem Pfannkuchen): Bob ist der Beste.
Max (breitet die Arme aus): Ich LIEBE Bob bis zum Mond und zurück.

Ich: Ich hab Bob auch lieb. Aber ich weiß schon alles über ihn. Ich brauche mehr Haustiere, die ich erforschen kann, um Tierexpertin zu werden, wenn ich groß bin. Bittebittebittebitte, können wir mehr Haustiere haben? Ein flauschiges Kaninchen vielleicht? Oder ein süßes kleines Kätzchen? Wie wär's mit einem Meerschweinchen? Papa? Was meinst du?

Papa: Nein.

Ich: Biiiiiitte? Ich backe auch

mehr Pfannkuchen. Ganz alleine diesmal.

Mama und Papa zusammen:

Obwohl ich alle meine EGÜK (Ellas Geheime Überzeugungskräfte) einsetzte, konnte ich meine Eltern nicht umstimmen.

Ellas GEHEIME Überzeugungskräfte:

1 Anbieten, die (stinkigen) Mülltonnen rauszubringen, wenn Mülltag ist. Äks.

2 Meinen Brokkoli GANZ aufessen, ohne mich zu beschweren. Doppel-Äks.

3 Nett zu Olivia sein, indem ich meine Gel- und Glitzerstifte mit ihr teile, wann immer sie mich darum bittet.

Sogar als ich Mama und Papa daran

erinnerte, dass andere Haustiere nicht annähernd so viel fressen oder die Wäsche apportieren wie Bob, sagten sie immer noch Nein.

Am Abend rief Zoe an. Zoe ist **BESONDERS GUT** darin, sich hilfreiche Strategien und Pläne einfallen zu lassen, um von unseren Eltern zu bekommen, was wir wollen.
Ich erzählte ihr ALLES, was passiert war.

Zoe dachte kurz nach. Dann sagte sie, dass meine Eltern mir nur deshalb nicht mehr Haustiere erlaubten, weil die Tiere, die ich vorgeschlagen hatte – wie Kaninchen und Kätzchen – einfach zu langweilig seien. Denn Mama ist Grafikdesignerin und SUPERHIP (wie ich). In unserem Haus ist eigentlich alles hip.

JAAAAAAAAAAAA! Das muss der Grund sein!

Deshalb werde ich morgen superfrüh aufstehen und auf Mamas Computer nach ungewöhnlichen und hippen Haustieren suchen.

Ich.

Werde.

Nicht.

Aufgeben.

Kuss und Gruß

E

Sonntagmorgen vor dem Frühstück

Hallo Tagebuch,

es gibt eine RIESENAUSWAHL an hippen und ungewöhnlichen Haustieren. Hier habe ich eine Liste mit den besten zusammengestellt:

MEINE TOP 5 DER hippen UND ungewöhnlichen HAUSTIERE!

1 Die Lykoi (eine Katze, die wie eine Werwolf-Katze aussieht)

Werwolf-Katze ö°)

2. Die Idolomantis diabolica (eine richtig cool aussehende Art von Gottesanbeterin)

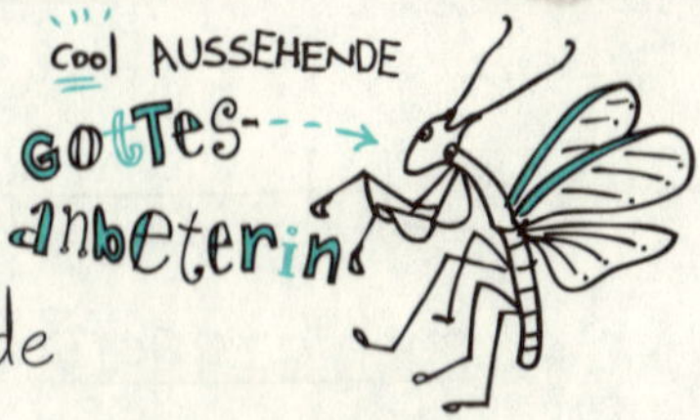

3. DIE MADAGASCAR FAUCH-**schabe**.

4. Die Zwergziege

5. Der Axolotl (auch bekannt als mexikanischer laufender Fisch)

Jetzt muss ich Mama und Papa nur noch fragen, ob ich jeweils eins dieser **fantabulös-fantastischen** Haustiere haben darf, damit ich sie ernsthaft erforschen kann. Ich weiß einfach, dass sie diesmal Ja sagen werden. Wer würde sein Haus nicht mit einer Werwolf-Katze, einer klitzekleinen süßen Miniaturziege oder einem Fisch teilen wollen, den man spazieren führen kann?

Zoe ist ein **GENIE!** ICH KANN'S NICHT ERWARTEN LOSZULEGEN!

Sonntagmorgen nach dem Frühstück

Mama und Papa haben trotzdem Nein gesagt (vor allem, nachdem ich ihnen ein Foto einer Fauchschabe gezeigt habe).

Sonntagmorgen vor dem Mittagessen

Es ist SO ungerecht, dass mir meine Eltern keine weiteren Haustiere erlauben. Nicht einmal unscheinbare und unhippe Katzen oder Kaninchen. Sehen sie denn nicht, dass sie MEIN LEBEN RUINIEREN?

Ich musste ein Gedicht darüber schreiben:

Katzen schnurren,
wenn man sie krault
und sanft streichelt.
-- Sie klingen dann genau wie --
eine Dampfmaschine.
schnuuuuurrrr
Sie haben zuckende
Schwänze und lieben es
Motten zu jagen und die Flure
auf und ab zu rennen sowie Bäume
bis ganz nach oben zu klettern. Aber
Wasser mögen sie NICHT. Sie rollen
sich gern zusammen und dösen in
der Sonne, kuscheln sich auf
dich, wenn du fernsiehst
oder ein Buch liest.
Ach, hätt' ich
doch 'ne Katze.

Das Gedicht habe ich mit meinen besten Gel- und Glitzerstiften ausgeschmückt und es an die Kühlschranktür geklebt. Jedes Mal, wenn Mama und Papa etwas aus dem Kühlschrank holen, STARRT sie jetzt mein Gedicht an und lässt sie wissen, wie ERNST mir die Sache ist.

Sonntagnachmittag nach dem Mittagessen

Sie haben trotzdem Nein gesagt. ☹

Sonntag vor dem Abendessen

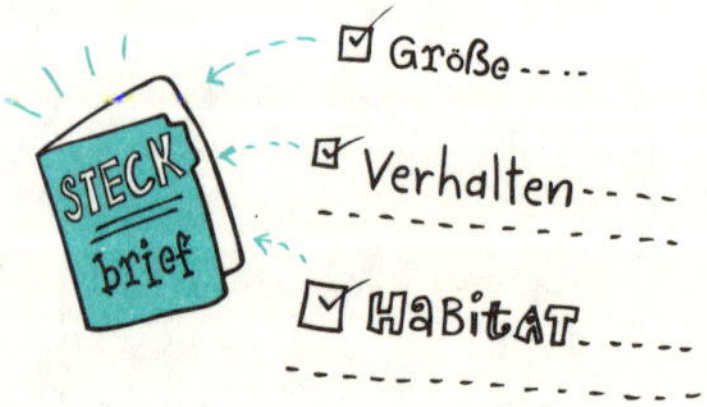

Liebstes Tagebuch,

ich brauche mehr Haustiere, um mehr Steckbriefe zu schreiben, sonst werde ich nie einen Job mit Tieren finden, wenn ich groß bin. ☹

Also rief ich Zoe an und bat sie, zu einer KRISENSITZUNG rüberzukommen.

Ich hängte ein neues Schild an meine Zimmertür, damit Olivia nicht reinkam, für den Fall, dass sie versuchte, uns zu nerven, indem sie ständig alberne Kleine-Mädchen-Fragen stellte.

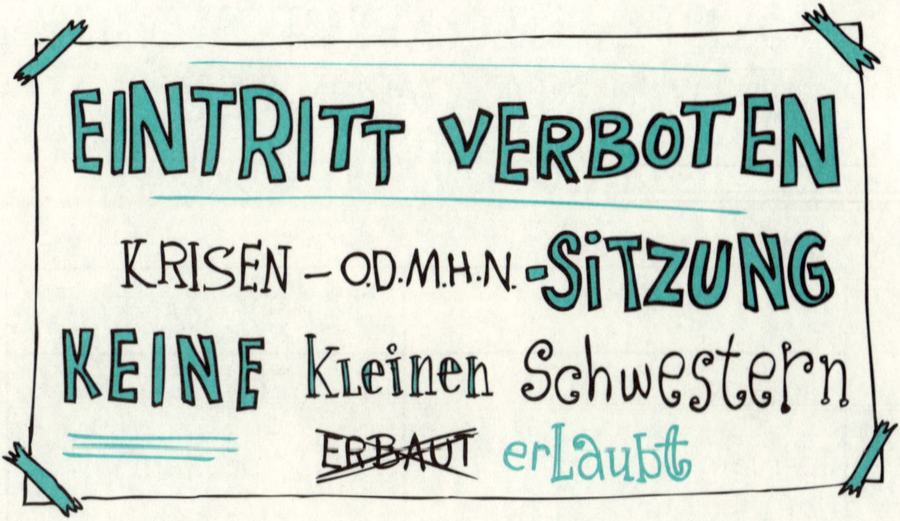

*O.D.M.H.N. steht für Operation Dringend Mehr Haustiere Nötig

Dann kuschelten Zoe und ich uns mit Bob aufs Bett (wobei wir unsere Kekse die ganze Zeit im Auge behielten) und besprachen wichtige H.E.S. (Haustier-Erwerbs-Strategien).

HAUSTIER-ERWERBS-STRATEGIEN UND GRÜNDE, WARUM SIE NICHT ERFOLGREICH SEIN WERDEN

H.E.S. #1	GRÜNDE DAGEGEN
Neue Haustiere in mein Zimmer schmuggeln und sie unter meinem Bett halten	Bob würde sie hundertprozentig aufspüren oder sogar versuchen, sie zu apportieren!
H.E.S. #2	**GRÜNDE DAGEGEN**
Die neuen Haustiere stattdessen zu Hause bei Zoe unter-bringen	Ihre Mama glaubt, sie wäre gegen alle Tiere allergisch (das könnte allerdings geflunkert sein)

Die ganze Sache erschien **total hoffnungslos.**

☹ ☹ ☹ ☹

Wir saßen traurig da ... wie traurige Kätzchen mit traurigen Augen, die man in einen kalten, dunklen Raum ohne Spielzeug oder Schnüre gesperrt hatte, auf die sie sich stürzen konnten, oder ohne liebende Besitzer, mit denen sie kuscheln konnten ... während wir auf eine glückliche Lösung unseres traurigen Problems hofften.

Dann sagte Zoe: „Da kratzt was an der Tür."

Und ich meinte: „Es ist wahrscheinlich nur Bob, der raus will."

Und Zoe antwortete: „Nein, es kommt von DRAUSSEN."

Worauf ich erwiderte: „Vielleicht ist es eine Ratte!" Und dann wurde ich ganz aufgeregt, denn wenn es eine Ratte war, könnte ich sie vielleicht (heimlich) als Haustier halten und einen Steckbrief über sie schreiben.

Doch dann ging die Tür auf. Es war keine Ratte.

Es war Olivia.

Sie erklärte: „Mama sagt, dass du Max und mich hier ein bisschen babysitten musst."

Wahrscheinlich hatte sie das nur erfunden, damit sie in mein Zimmer kommen konnte. Aber das war mir egal. Denn sobald sie das Wort „babysitten" erwähnte, hatten Zoe und ich IM GLEICHEN MOMENT DIESELBE GENIALE IDEE! (Genau deshalb sind wir allerbeste Freundinnen.)

Ich muss die nächste spannende Folge später aufschreiben, liebes Tagebuch. Papa ruft mich zum Abendessen!

Bis bald!

Sonntagabend, kurz bevor das Licht ausgeht

Okay, ich bin zurück. Ich wette, du PLATZT schon vor Neugier, was unsere geniale Idee war.

Also gut, jetzt kommt's.

Bist du bereit?

Es ist ...

HAUSTIERSITTEN

Ta-daa!

Danke Olivia!

Weißt du, wenn Leute krank werden oder in den Urlaub fahren und ihre Haustiere nicht mitnehmen können, könnten Zoe und ich uns um sie kümmern! Und während sie hier bei mir sind, könnte ich Steckbriefe über sie schreiben.

Ich war so aufgeregt, dass ich Mama und Papa beim Abendessen ALLES DARÜBER erzählte.

Die schlechte Nachricht:

Mama und Papa sagten: auf keinen Fall.
AAAAAAHHHHHHH!!!

Die gute Nachricht:

Mama schlug vor, dass wir stattdessen einen Haustierausführdienst gründeten. Sie meint, hier in der Gegend gäbe es eine Menge Haustiere, die so aussähen, als würden sie nicht genug Auslauf bekommen. Vor allem Gonzo, der Hund von gegenüber. Und das stimmt auch. Er hat einen richtigen Schwabbelbauch. Auf diese Weise konnten wir uns mit Haustieren umgeben, ohne dass sie bei uns zu Hause sein mussten.

Genau das werde ich jetzt machen. Und während ich die Haustiere ausführe, werde ich sie genau studieren. Ich werde die expertigste Expertin in der Geschichte aller Experten sein. (Und Frau Weiss wird mir so viele Fleißsternchen geben müssen, dass NIE WIEDER welche für Prinzessin Penny übrig sein werden. Jippie!)

Montag nach der Schule

Hallöchen, Tagebuch,

ich konnte es heute kaum erwarten, in der Schule zu sein, um mit Zoe die Einzelheiten unseres neuen Haustierausführdienstes zu besprechen. Frau Weiss musste uns DREIMAL bitten, mit dem Reden aufzuhören, wenn wir eigentlich hätten arbeiten sollen.

Und Penny schaute ständig zu unserem Tisch rüber und spitzte ihre großen Ohren, um zu hören, worüber wir redeten.

BÄÄÄHHH!

Wir wollten AUF KEINEN FALL, dass sie von unserer ausgezeichneten neuen Geschäftsidee erfuhr. Deshalb hielten wir GAAAANZ fest den Mund.

Aber es fiel uns total schwer, still zu sein. Unendlich viele sagenhaft-spektakuläre Ideen kamen mir ununterbrochen in den Sinn.

Zum Beispiel 1) wie wir unser Geschäft nennen,

und 2) wie viel wir für jedes Haustier, das wir ausführen, verlangen, und 3) ob wir mehr für ungemein ungestüme Haustiere (wie zum Beispiel Zeus, den Rottweiler von Herrn Lau) verlangen sollten als für süße und flauschige Tiere (wie Frau Gattos Kaninchen Flopsy).*

*Ich bin mir allerdings nicht 100%ig sicher, dass man Kaninchen überhaupt ausführt. Lustig wär's aber!

In der Mittagspause fragten wir Frau Weiss, ob wir uns ein paar Materialien aus dem Bastelschrank ausleihen könnten. Wir erklärten ihr, dass wir einen Haustierausführdienst gründen wollten und dafür Poster basteln mussten. Wir entschuldigten uns, weil wir im Unterricht so viel getratscht hatten, und erklärten ihr, dass wir wegen unseres Vorhabens so

SUPER AUFGEREGT

wären, dass ständig neue Ideen

hoch

hoch

hoch

sprudelten und wir uns deshalb nicht zusammenreißen konnten.

Und weißt du was? Frau Weiss freute sich riesig! Sie sagte, dass sie es TOLL findet, wenn junge Leute ~~Eigeninizative~~ Eigeninitiative zeigen**. Sie sagte sogar, dass sie ganz bestimmt unsere erste Kundin sein würde, wenn sie in unserer Nähe wohnen würde und ein Haustier hätte.

Deshalb half sie uns, alle Sachen zu finden, die wir brauchten:

Und dann ging sie ins Lehrerzimmer, während wir unsere Poster bastelten.

**„Eigeninitiative zeigen" bedeutet, dass man gut darin ist, etwas von alleine auf die Beine zu stellen, ohne dass einem jemand sagt, was man tun muss. Frau Weiss benutzt immer so wichtige Wörter. In ihrem Kopf sieht es bestimmt fanTASTisch aus.

Langweilen sich
Ihre Haustiere?
Sind Sie zu müde, um sie selbst
auszuführen oder
mit ihnen zu spielen?
Kontaktieren Sie Zoes und
Ellas ausgezeichneten
Haustierausführdienst.
Telefon: 555 1252
Sensationeller
und spottbilliger Service

Ich kann es **nicht erwarten**, unseren ersten Kunden anzuwerben!

Dienstag kurz vor dem Abendessen

Hey, Tagebuch,

nach der Schule kam Zoe bei mir vorbei, damit wir die Poster in der Bücherei und den örtlichen Läden wie dem Haar-Ab-Friseursalon und Conrads Würste & Co. aufhängen konnten.

Danach gingen wir zu mir nach Hause, setzten uns in mein Zimmer und warteten darauf, dass das Telefon klingelte. Das war es! Unsere große Chance, erfolgreiche GeschäftsSUPERSTARS zu werden!!!

Niemand rief an. ☹

Nachdem wir etwa 900 Stunden herumgesessen hatten, steckte Mama den Kopf durch die Tür und sagte, dass im Wohnzimmer ein Junge wäre, der uns sprechen wollte.

JUHU!!! Unser erster Kunde!

Zoe und ich ~~stürmten~~ spazierten ins Wohnzimmer (damit wir nicht ZU verzweifelt wirkten, auch wenn wir es ~~taht~~ tatsächlich waren). Es war Henry Bing, ein älterer Schüler, der am anderen Ende der Straße wohnt.

Henry hatte einen großen Pappkarton dabei.

„Das ist Lissi", sagte er und zeigte auf den Karton.

Zoe und ich tauschten einen fragenden Blick. Wollte Henry etwa, dass wir einen Karton spazieren führten? Und warum hatte er seinem Karton einen Namen gegeben? Und woher wusste er, dass er hierherkommen musste? Wir hatten meine Adresse nicht auf die Poster geschrieben.

Henry war komisch. Ich wollte gerade sagen: „Nein, vielen Dank, aber wir sind heute schon voll ausgebucht", als Henry den Karton aufmachte. Zoe warf einen kurzen Blick hinein.

„Schlange!“, schrie sie und sprang aufs Sofa.

Henry griff in den Karton und holte eine Echse heraus. Sie kraxelte auf seine Schulter und leckte Henry mit ihrer blauen Zunge am Kinn.

Zoe hörte auf zu schreien und stieg wieder vom Sofa herunter. Ich fragte Henry, warum er hierhergekommen war, und er sagte, er hätte mich mit Bob im Park gesehen und gehört, wie ich mich mit anderen Leuten über ihre Haustiere unterhielt. Daran hätte er erkannt, dass ich eine WAHRE TIERLIEBHABERIN war.

WOW! (Da hast du's, Penny. Wenn jetzt doch bloß die ganzen Tierexperten hier wären, um Henry das sagen zu hören.)

Henry hatte unser Poster nicht einmal gesehen! Er erklärte uns, dass er nächste Woche wichtige Prüfungen schreiben muss und deshalb nicht genug Zeit hätte, sich um Lissi zu kümmern. Und dann bot er mir zehn Dollar an, wenn ich mich um sie kümmere, bis seine Prüfungen vorbei sind, weil niemand in seiner Familie Echsen besonders mag. (Außer Felix, dem Kater, der sie so gerne mag, dass er sie am liebsten fressen würde.)

Aber ich musste ihm mein großes Indianerehrenwort geben, dass ich mit ihr spielen und sie UNTER KEINEN UMSTÄNDEN rauslassen würde.

Zehn ganze Dollar! Und dazu noch eine neue Tierart, die ich erforschen und über die ich einen Steckbrief schreiben konnte! Ich wollte sofort Ja sagen, doch dann erinnerte ich mich daran, was Mama und Papa gesagt hatten.

KEIN HAUSTIERSITTEN

Ups.

Aber Lissi war so süß! Ich wollte mich **UNBEDINGT** um sie kümmern. Und wenn Henry Bing mich für eine wahre Tierliebhaberin hielt, brauchte ich noch ein Tier zum Liebhaben.

Deshalb ging ich schnell zu Mama, um mit ihr zu reden. Nachdem ich **EXTREM VIEL** gefleht und gebettelt hatte, sagte sie schließlich Ja. Unter

STRENGEN AUFLAGEN:

1. Lissi muss in meinem Zimmer bleiben.

2. Ich muss Lissis Käfig ausputzen und dafür sorgen, dass sie Nahrung und frisches Wasser hat.

3 Ich muss drei Wochen lang jeden Abend die Spülmaschine ein- und ausräumen und den Tisch decken, OHNE MICH ZU BESCHWEREN.

4 Ich muss mein großes Indianerehrenwort geben, dass ich sie NICHT fragen werde, ob ich mich noch um andere Tiere kümmern darf.

Da habe ich natürlich zu allem JA gesagt, und die Sache war abgemacht.

PUUUH!

Henry ging nach Hause und kam ein paar Minuten später mit dem Glasterrarium zurück, in dem er Lissi hält. An einer

Seite hing oben eine Glühbirne, um Lissi warm zu halten.

Henry erklärte uns, was sie gerne frisst (hauptsächlich Schnecken mit und ohne Gehäuse – äääks), wo im Garten man sie am besten findet (doppel-äääks), und alle ihre Lieblingsspiele.

Muss jetzt los, liebes Tagebuch. Heute Abend gibt's Pizza, und ich will nicht zu kurz kommen!

Dienstag nach dem Abendessen

Liebes Tagebuch,

ich stecke in MEGAGROSSEN Schwierigkeiten. Henry wird NIE WIEDER mit mir reden. Und Mama ist TOTAL sauer auf mich. Sie sagt, ich hätte sie ENTTÄUSCHT. ☹

Weißt du noch, wie ich dir sagte, dass es heute zum Abendessen Pizza gab? Es war auch noch meine Lieblingspizza: Schinken und Ananas mit extra viel Käse. Es war wohl auch Lissis Lieblingspizza.

Jedenfalls, nach dem Abendessen hob ich Lissi aus ihrem Terrarium, um mit ihr zu spielen. Sie roch bestimmt die Pizza an meinen Fingern, denn sie fing an, sie mit ihrer superblauen Zunge abzulecken. Dann BISS sie mich mit ihren spitzen kleinen Zähnen in den Finger.

Ich machte vor Schreck einen Riesensprung und Lissi entwischte! Sie rannte aus meinem Zimmer und sauste geradewegs auf die Hintertür zu, gerade als Dad vom Müllrausbringen hereinkam.

Ich rannte sofort in den Garten, um nach ihr zu suchen. Mama und Papa kamen mit ihren Taschenlampen raus und Olivia, Max und ich riefen immer wieder und wieder ihren Namen, aber sie kam nicht zurück.

Es sieht nicht gut aus, liebes Tagebuch.
☹☹☹

Entweder sehr, sehr spät Dienstagabend ODER Mittwochmorgen sehr, sehr früh (vor lauter Verzweiflung weiß ich es schon gar nicht mehr)

Liebstes Tagebuch,

ich bin gerade von einem erschreckend-schrecklichen Traum aufgewacht. Ein zotteliges Monster mit goldenem Fell jagte einen süßen kleinen Dinosaurier unter einen Busch und schlabberte ihn mit eklig-klebrigem Schleim voll.

Dann ragte dieser riesengroße Riese mit seinen furchterregenden Fangzähnen über mir

und donnerte mit dieser unglaublich tiefen, donnernden Stimme: „Das ist alles deine Schuld, Ella!"
Was, glaubst du, hat dieser Traum zu bedeuten?

Mittwochmorgen vor dem Frühstück

Liebes Tagebuch,

sobald ich auf war, ging ich wieder raus in den Garten, um nach Lissi zu suchen. Ich rief und rief nach ihr, aber sie kam nicht.* Dafür entdeckte ich auf einer Pflanze in der Nähe der Stufen eine sehr hübsch aussehende Gottesanbeterin. Ich nahm sie in die Hand und setzte sie in Lissis Terrarium (mit zusätzlichem Gras und Blättern), nur für den Fall, dass Henry es nicht mehr so mit Echsen hat und beschließt, dass eine Gottesanbeterin genau die Art Haustier ist, die er schon immer haben wollte.

* Vielleicht hört Lissi schlecht? In dem Fall hätte Henry mich vorwarnen sollen. Bob kommt IMMER, wenn man ihn ruft, vor

allem wenn man einen Keks in der Hand hat.

Mittwoch nach der Schule

Liebes Tagebuch,

als ich von der Schule nach Hause kam, überprüfte ich noch einmal den Garten, aber von Lissi fehlt weiterhin jede Spur. Ich frage mich, ob Verstecken eins der Spiele ist, die Lissi gerne spielt? Wenn ja, ist sie sehr, sehr gut darin. Viel besser als Bob und Max, wenn ich mit ihnen Verstecken spiele.

Ich brauche etwa 4,392878625 Sekunden, um sie zu finden.

Dann ging ich rein, um rauszufinden, ob irgendwelche Kunden angerufen hatten. Hatten sie nicht.

Ein Geschäft zu führen kann SEHR unbefriedigend sein. Ich verstehe gar nicht, warum sich Erwachsene überhaupt die Mühe machen.

Donnerstagabend, im Bett, kurz bevor das Licht ausgeht

Liebstes Tagebuch,

Die gute Nachricht:

ICH HABE LISSI GEFUNDEN!!!

Die schlechte Nachricht:

Eigentlich hat Herr Supramaniam von nebenan Lissi gefunden.

Durch Zufall.

Und jetzt habe ich wieder RIESEN-GROSSEN ÄRGER.

Es war so: Herr Supramaniam kam rüber, um sich eine Leiter zu borgen, damit er seine Hecke schneiden konnte. Im selben Moment wollte Mama für eine wichtige Besprechung in die Stadt fahren.

Und als er so den Weg hochlief, der von der Pforte zu unserer Haustür führt, trat er (beinahe) auf etwas.

Dieses Etwas war Lissi, die aus ihrem Versteck im Garten gekrochen war und sich auf unserem Weg sonnte.

„Schlange!“, schrie Herr Supramaniam. Genau wie Zoe. Konnten sie denn beide nicht sehen, dass Lissi BEINE hat???

Mama rannte nach draußen und entdeckte Lissi auf dem Weg. Sie hob sie hoch, um sie sicher ins Haus zu bringen.

Die ~~WENIGER GUTERE~~ schlechterere Nachricht:

Herr Supramaniam wurde leichenblass, drückte beide Hände an die Brust und teilte Mama mit, er würde gleich einen Herzinfarkt bekommen! Mama musste ihn nach nebenan bringen, um ihm zu helfen, seine Herzpillen zu finden, und sicherzugehen, dass mit ihm alles in Ordnung war.

Und du weißt, was das bedeutet, oder?

Sie verpasste ihre wichtige Besprechung.

☹

Niemand schimpfte mit mir, als ich von der Schule nach Hause kam, aber ich konnte ihnen genau ansehen, was sie alle dachten:

„Ella macht immer nur Ärger."

Siehst du, liebes Tagebuch? Genau wie in meinem schrecklichen Albtraum war ALLES MEINE SCHULD.

Donnerstagabend, ein paar Minuten, nachdem ich dir das letzte Mal geschrieben habe

Oh ja. Eine Sache habe ich noch vergessen.

Immer noch keine Kunden.

Donnerstagabend, ein paar Minuten später

Ich kann nicht einschlafen. Nicht mal Schäfchenzählen hilft. Deshalb werde ich stattdessen einen Steckbrief über Lissi schreiben.

TIERSTECKBRIEF #2

Name: Lissi
Rasse: Blauzungenskink
Farbe: Grau mit braunen Streifen auf dem Rücken und dem Schwanz
Körperform: Großer Kopf und langer Körper mit einem dicken Schwanz, superkurzen Beinen und kleinen Füßen

Hauptmerkmal:
Eine knallblaue Zunge in einem pinkfarbenen Mund (und dazu superscharfe Zähne, die

herzhaft in deinen Finger **beißen**, wenn er nach Pizza riecht)

Warum ihre Zunge blau ist: um Raubtiere abzuschrecken, damit sie sie nicht fressen. Wenn ein natürlicher Feind sie angreifen will, streckt sie ihm die Zunge raus.

Warum sie gerne im Sonnenschein auf Wegen schläft: weil sie ein Kaltblüter ist und die Sonne ihren Körper wärmt - dann kann sie sich besser bewegen

Gute Nacht, liebes Tagebuch. Ich glaube, ich werde langsam müde.

Freitag nach der Schule

Liebes Tagebuch,

Prinzessin Penny verhält sich in letzter Zeit sehr verdächtig. Sie heckt auf jeden Fall gerade irgendwas Superhinterlistiges aus.

So hinterlistig, dass ich beschlossen habe, eine Beweissammlung gegen sie anzufangen. Ich habe sie so genau unter die Lupe genommen, als würde ich einen Steckbrief über irgendein Tier schreiben. Aber selbst die hinterlistigsten Tiere – wie Füchse oder wieselige Wiesel – könnten NIE so hinterlistig sein wie Penny Protz Parker. Das habe ich bisher herausgefunden …

BEWEIS SAMMLUNG #1

Als Frau Weiss Zoe und mich heute fragte, wie es denn mit unserem Haustierausführdienst laufe, lauschten Penny und ihre Freundinnen Prinny und Jada mit einem großen spöttischen Grinsen im Gesicht, als wüssten sie etwas, das ich nicht wusste. Danach schauten sie immer wieder zu Zoe und mir herüber, tuschelten und kicherten wie blöd.

VERDÄCHTIGES Verhalten-BEWERTUNG: 7

BEWEIS Sammlung # 2

In der Mittagspause standen Zoe und ich hinter Penny und ihren Freundinnen in der Kantinenschlange. Sie gaben eine Menge Geld für Snacks und Süßigkeiten aus. Sie kauften sogar Getränke und Eiskrem und schenkten sie anderen Mädchen aus unserer Klasse wie Carla und Lily.

Penny MAG Carla und Lily nicht einmal.

VERDÄCHTIGES Verhalten-BEWERTUNG: 5

Bleib dran für mehr Beweise aus meiner VVBS (Verdächtiges-Verhalten-Beweissammlung).

Freitagabend kurz vorm Schlafengehen

Liebes Tagebuch,

Lissi und ich haben heute den ganzen Abend auf dem Sofa gekuschelt. Wir schauten uns einen Film über eine Familie an, die ein weibliches Löwenbaby aufzieht, dessen Mutter von Jägern getötet worden war. Als das Löwenjunge groß ist, entlassen sie es wieder in die Wildnis, damit es ganz Löwin sein kann. Das ist einfach SO toll!

Am Ende des Films finden sie die Löwin wieder, die mittlerweile drei Junge bekommen hat.

Ich wünschte, ich hätte eins dieser Jungen, liebes Tagebuch. Ich würde mich SUPERTOLL darum kümmern.

Ich drück dich.

Samstagmorgen kurz vorm Mittagessen

Zoe hat gerade angerufen, um mir etwas Wichtiges zu erzählen: Sie und ihre Mama sind vom Einkaufen den Kaliko-Weg entlang zurück nach Hause gefahren und haben Penny mit lauter Hunden an der Leine aus ihrem Garten kommen sehen. Sie war zum Kaliko-Park unterwegs.

WAAAAASSSSSS!!!

Penny + Hunde an der Leine + Kaliko-Park =

EXTREM VERDÄCHTIGES VERHALTEN

Ich sagte Zoe, sie solle ihre Mama fragen, ob sie SOFORT zu einer

zu mir kommen könnte.

Bleib dran!

Samstagabend nach dem Abendessen

Liebstes Tagebuch,

ich hab dir so viel zu erzählen! Sobald Zoe da war, rannten wir zum Kaliko-Park, um zu sehen, ob wir Penny und ihre Hundeschar finden konnten.

Wir brauchten nicht lange. Wir sahen sie beim Brunnen mit fünf Hunden an der Leine. Am HELLLICHTEN TAG!

Wie konnte sie es WAGEN!

Zoe und ich waren SCHOCKIERT.

Das hatten wir dazu zu sagen:

Ich: Ich bin SCHOCKIERT!

Zoe: Ich auch.

Ich: Wie kann sie es WAGEN!

Zoe: Das ist mal wieder TYPISCH Penny. Immer muss sie unsere Ideen klauen.

Ich: Ich weiß. Schau sie dir an. Sie versucht nicht mal zu verstecken, dass sie unsere Idee geklaut hat.

Zoe: Was machen wir dagegen?

Ich: Wir gehen SOFORT zu ihr rüber und fragen sie, was los ist.

Zoe: Ja, zeig's ihr!

Wir marschierten direkt zu ihr hinüber und fragten sie. So ging es dann weiter:

Ich (Hände in die Hüften gestemmt): Hi, Penny. Was machst du da?

Penny (lächelt falsch): Hi, Ella, hi, Zoe. Was macht ihr da?

Ich: Ich hab zuerst gefragt.

Penny: Ich hab als Zweite gefragt.

Ich: Das ergibt überhaupt keinen Sinn. Komm schon. Was machst du da?

Penny: Ich führe diese Hunde aus. Nach was sieht's denn aus?

Zoe: Hör auf, so rumzuschlaumeiern, Penny. Du weißt genau, was wir meinen.

Und dann erzählte uns Penny, die Hunde würden ihrer Tante gehören, die nach Timbuktuti in den Urlaub gefahren war. Das ist bestimmt eine große, fette Lüge. Wer hat schon fünf Hunde, die nicht einmal gleich aussehen? Und wetten, dass es gar keinen Ort namens Timbuktuti gibt? Das hat sie bestimmt nur erfunden.

Darauf gab ich zurück: „Du hast deinen eigenen Haustierausführdienst gegründet, stimmt's? Du bist so eine NACHMACHERIN."

Und dann sagte Penny: „Beweis es."

Und dann lachte sie mir einfach INS GESICHT und marschierte davon.

Grrrrrrr!

Manchmal, liebes Tagebuch, macht mich Penny SO WÜTEND!

Das bedeutet KRIEG!

Samstagabend vorm Schlafengehen

Liebes Tagebuch,

ich kann nicht FASSEN, wie gemein Prinzessin Penny ist.

Doch, kann ich. Penny ist IMMER gemein. Sie ist die Königin der Gemeinheit!

Das erklärt alle spöttischen Blicke, die sie mir in letzter Zeit zuwirft. Und das ganze Geld, das sie in der Kantine ausgibt.

Aber woher, Tagebuch? Woher hat sie alle ihre Kunden?

Und wie kann es sein, dass Zoe und ich immer noch keine haben? Obwohl unsere Poster schon seit FÜNF GANZEN TAGEN überall hängen, ist Henry Bing bisher unser einziger Kunde (und der zählt nicht).

Das alles ist ein GROSSES RÄTSEL, Tagebuch. Und es gibt nur eine Möglichkeit, es zu lösen.

Wir müssen MEHR BEWEISE sammeln.

Ich drück dich.

Sonntag vor dem Mittagessen

Liebes Tagebuch,

Zoe war heute Morgen für eine weitere Krisensitzung bei mir. Als sie ankam, waren Max und ich draußen im Garten und suchten unter Steinen Schnecken für Lissis Mittagessen (igitt). Das Mittagessen ist Lissis LIEBLINGSMAHLZEIT. Ich hoffe bloß, dass ich sie nicht zu viel füttere, denn sie scheint ein wenig pummelig zu werden.

Zoe und ich beschlossen, dass es das Beste wäre, Pennys Haus zu observieren*, um Beweise gegen sie zu sammeln. So konnten wir überprüfen, ob ...

A die Hunde wirklich ihrer Tante gehörten ...

B sie von ihren Kunden (die unsere sein sollten!!!) abgegeben wurden.

*„Observieren" bedeutet, etwas von der anderen Seite der Straße genau zu beobachten.

Dieser Plan hatte nur einen Haken. Wie sollten wir ihr Haus observieren, ohne dass sie uns bemerkte?

Dazu hatten wir ein paar clevere Ideen.

CLEVERE IDEEN, UM PENNYS HAUS ZU OBSERVIEREN, UND IHRE ERFOLGSCHANCEN

CLEVERE IDEE	ERFOLGS-CHANCE	GRUND
Uns mit Blättern und Zweigen als Bäume verkleiden	0% 	Jeder mit dem kleinsten bisschen Grips würde sofort sehen, dass wir keine Bäume sind.

Uns als Gaszählerableser verkleiden	0% 	Wir hatten keine Gaszählerableseruniformen, und selbst wenn wir welche hätten, wären sie zu groß für uns.
Uns Tarnmäntel besorgen (echte)	0% 	Ich bin mir nicht 100%ig sicher, dass es die wirklich gibt.

Wie du siehst, liebes Tagebuch, LIEF ES NICHT GUT.

Dann erinnerte ich mich daran, dass unsere Klassenkameradin Cordelia DIREKT GEGENÜBER von Penny wohnt.

Cordelia vertraut Penny nicht mehr, seit sie versucht hat, mich dazu anzustiften, Mister Wombat, Cordelias Lieblingsstofftier, zu entführen und zu verstecken. Daher

WUSSTE ich, dass sie auf unserer Seite sein würde. Aber sie ist auch eine SEHR GUTE Beobachterin. Und weißt du was?! Als wir sie anriefen und fragten, ob sie irgendetwas äußerst Verdächtiges gesehen hätte, sagte sie, dass Leute die ganze Woche lang Hunde zu Pennys Haus gebracht hätten!

JA!

Daraufhin heckten Zoe und ich einen anderen Plan aus. Einen Ober-Mega-Hyper-Wahnsinns-Plan.

Nach dem Mittagessen setzen wir ihn in die Tat um!
Bleib noch mehr dran!

Sonntagabend vor dem Abendessen

Ich hab dir so viel zu erzählen, liebes Tagebuch! Um genau 14.32 Uhr marschierten vier STRENG GEHEIME DETEKTIVE in modischen und praktischen STRENG-GEHEIMEN-DETEKTIV-Outfits (von mir ausgewählt) zum Park.

Mit von der Partie waren:

DIE furchtlosen VIER

SGD #1: ICH

SGD #2: ZOE

SGD #3: CORDELIA

(und Mister Wombat)

SGD #4: BOB

Wir versteckten uns alle hinter einem großen Baum und warteten darauf, dass Penny auftauchte.

Nachdem wir 900 Stunden gewartet hatten, entdeckte ich endlich Penny, die mit sechs Hunden an der Leine in den Park lief. Und weißt du was? Einer der Hunde war Gonzo, der Schwabbelbauch von gegenüber!

Ein paar Sekunden später tauchten Prinny und Jada auf.

Große Überraschung (nicht wirklich).

Sie verbrachten ein paar Minuten damit, einander zu erzählen, wie fantabulös-fantastisch sie alle aussehen würden. Äääks.

Dann übergab Penny ihren Freundinnen jeweils zwei Hunde, und sie liefen alle mit ihnen im Park herum, während sie geschwätzig schwatzten.

Es stimmt also. Prinzessin Penny HAT einen eigenen Hundeausführdienst gegründet!

Wie kann sie es WAGEN!!

Ich machte schnell ein paar Notizen in meiner Beweissammlung und benutzte dann geheime Handsignale, um den anderen heimlich zu signalisieren: MISSION ERFÜLLT.

ZEIT ZU GEHEN.

Genau in dem Moment schoss ein Vogel direkt vor Bobs Nase aus einem Baum herab, zischte durch den Park und forderte Bob heraus, ihm hinterherzujagen.

Bob findet Vögeln hinterherzujagen fast genau so toll wie Kekse mampfen (seine ABSOLUTE Lieblingsbeschäftigung). Er riss sich frei und jagte dem Vogel hinterher.

Und dann ...

da da da DUMMMM...

sah er Penny und die beiden flauschigen Zwergpudel, die sie gerade Gassi führte.

NEEEEEEEEEEEEEEEEIN!!!

Bob **findet** Pudeln hinterherzujagen **noch toller** als Vögeln hinterherzujagen (aber nicht so sehr wie Kekse mampfen). Er stürmte ihnen hinterher.

Als die Pudel sahen, wie Bob angerannt kam, stürmten sie auch los und zerrten Penny mit sich. Sie rannten alle durch eine **riesige** Matschpfütze

und durch den Springbrunnen

und durch stachelig-struppige Büsche

und zwischen den Schaukeln hindurch

und **FAST** mitten durch ein Picknick. Zum Glück blieb Bob dort stehen, weil er Eierspeckkuchen und andere leckere Sachen roch, sodass Penny und ihre Pudel entkommen konnten.

Ich musste wie beim Militär auf allen vieren durch die Büsche (und Matschpfützen) kriechen und ihn zurückholen, für den Fall, dass Penny und ihre Freundinnen zurückschauten und mich sahen.

Dann gingen Bob und ich zu unserem Baum zurück und rannten schnell weg.

Eine streng geheime Detektivin zu sein ist **ANSTRENGEND!**

Sonntagabend, kurz bevor das Licht ausgeht

Liebes Tagebuch,

Prinzessin Penny hält sich vermutlich für suuuperschlau, weil sie mir alle meine Kunden geklaut hat. Ich bin mir noch nicht 100%ig sicher, wie sie es angestellt hat, aber ich habe einen PLAN.

Gut' Nacht
Schlaf sacht
Ich geb nicht auf
Auch wenn es kracht.

PS: Lissi sieht heute noch FETTER aus. Ich werde ihre Schneckenration kürzen und sie stattdessen mit schön schlank machendem Salat und Brokkoli füttern.

Montag vor dem Abendessen

Liebstes Tagebuch,

heute habe ich meinen Plan in die Tat umgesetzt. Du wirst NICHT GLAUBEN, was ich herausgefunden habe!!

Weißt du noch, wie ich dir erzählt habe, dass einer der Hunde, die Penny gestern ausgeführt hat, Gonzo von gegenüber war? Na ja, gleich nach der Schule nahm ich Bob an die Leine, aber anstatt in den Park zu gehen besuchte ich mit ihm Gonzos Besitzerin Margarete.*

* Margarete ist eine **total süße**, kleine alte Dame mit dauergewellten blauen Haaren, die ungefähr 800 Jahre alt ist. Sie und Oma Bettys Oma sind wahrscheinlich zusammen in den Kindergarten gegangen.

Hier ist ein kleiner Ausschnitt unseres Gesprächs: (Margarete redet gern. **SEHR GERN.**)

Margarete: Magst du noch einen frisch gebackenen Keks, meine Liebe?
Ich (höflich): Ja, bitte. Kann ich auch einen für Bob haben? Bob **LIEBT** Kekse.
Bob: Knusper, knusper, knusper.
Margarete: Also, worüber wolltest du mit mir reden, Elsbeth?

Ich: Ella.
Margarete: Wie bitte?
Ich: Ella. Ich heiße Ella.
Margarete: Ellen. So ein schöner Name!
Ich (gehe ganz nah an Margarete ran, damit sie mich besser hören kann): Ich habe gestern Gonzo im Park gesehen. Mit einem Mädchen.
Margarete: Ja! Er fand seinen Spaziergang mit diesem netten Mädchen ganz toll. Zum Glück hatte ich das Poster beim Haar-Ab-Friseursalon gesehen.
Ich (verschlucke mich an meiner Orangenlimo):

Da war noch viel mehr, aber ich kann Lissi in ihrem Terrarium scharren hören, was bedeutet, dass sie wahrscheinlich (wieder) hungrig ist, daher hier nur kurz die Hauptpunkte:

1. Margarete hatte unser Poster beim Haar-ab-Friseursalon gesehen und gedacht: „Was für eine gute Idee. Ich werde diese netten Mädchen bitten, mit Gonzo Gassi zu gehen, jetzt da meine armen alten Beine dafür zu alt und klapprig sind."

2. Als sie die Nummer auf dem Poster anrief, ging ein Mädchen ran und sagte: „Ja, ich würde liebend gerne mit

Gonzo Gassi gehen. Ich verlange nur zehn Dollar pro Spaziergang."

3: Ich fragte Margarete, ob sie immer noch diese Nummer hätte, und sie sagte: „Ja, ich hab sie hier irgendwo aufgeschrieben, oh, da ist sie ja." Sie zeigte mir die Nummer, und es WAR NICHT MAL MEINE!

Rate mal, welche Telefonnummer es war, liebes Tagebuch?

KLEINER TIPP: Ihr Name ist das englische Wort für PFENNIG.

Ich hatte endlich den Beweis, dass Penny mir meinen Haustierausführdienst direkt vor der Nase weggeschnappt hatte!

Aber um 150%ig sicher zu sein, musste ich mir das Poster noch einmal selbst anschauen. Ich rief Zoe an und bat sie, mich **ÄUSSERST DRINGEND** beim Haar-ab-Friseursalon zu treffen.

Das haben wir vorgefunden:

Penny hatte meine Telefonnummer durchgestrichen und ihre hingeschrieben.

Als Nächstes überprüften wir alle Poster, die wir auf der Geschäftsstraße aufgehängt hatten. Jedes einzelne war geändert worden. Sogar das in der Bücherei!

AAAAAAAAHHHH

Zoe und ich müssen Penny davon abhalten, unsere Kunden zu stehlen. Aber wie bloß?

Wir brauchen einen anderen Plan.

Dienstagabend, kurz bevor das Licht ausgeht

Liebes Tagebuch,

ich muss super, super vorsichtig sein, damit Penny nicht spitzkriegt, dass ich GENAU weiß, was sie getrieben hat. Vorher muss ich mir noch überlegen, wie ich alle meine Kunden zurückbekomme. Zoe musste mir ihr großes Indianerehrenwort geben, auch nichts zu sagen.

Deshalb habe ich heute jedes Mal,

1 wenn Penny eins ihrer spöttischen Grinsen grinste

ODER

2 vor mir mit ihren Freundinnen über alle fantabulös-fantastischen Dinge redete, die sie im Einkaufszentrum kaufen würden,

ODER

3 mich mit total falscher Stimme fragte, wie es mit meinem Plan lief, die expertigste Tierexpertin der Welt zu werden ...

sie einfach ignoriert.

WOW. Das machte sie RICHTIG wütend. Penny kann es nicht AUSSTEHEN, wenn man sie ignoriert.

Dienstagabend, etwa zehn Minuten später

Wenn ich das Wort PLAN sechsmal hintereinander richtig schnell aufsage und dann meinen Kopf aufs Kissen werfe, wird mir am nächsten Morgen beim Aufwachen wie aus dem Nichts ein Plan eingefallen sein.

Also los.

PLAN

PLAN

PLAN

PLAN

PLAN

Mittwochmorgen vor dem Frühstück

Immer noch kein Plan. Vielleicht war es ja siebenmal ...

Mittwoch nach dem Abendessen, wenn ich eigentlich meine Mathehausaufgaben machen sollte

Liebstes Tagebuch,

ich habe ein kleines Problem. Ich glaube, Lissi geht es nicht besonders gut.

Mit dem Gras und den Zweigen in ihrem Terrarium baut sie die ganze Zeit kleine Nester und legt sich still hinein. Genau wie Mum, wenn sie sich nicht besonders gut fühlt. (Sich still hinlegen, meine ich. Nicht kleine Nester in einem Terrarium bauen.)

Und obwohl ich Lissi mit Tonnen von schlank machendem Salat und Brokkoli gefüttert habe, wird sie immer fetter und fetter.

Henry Bing wird TOTAL sauer auf mich sein, wenn er kommt, um sie abzuholen, und feststellt, dass sich seine süße kleine Echse in meiner Obhut in **Godzilla** verwandelt hat.

GODZILLA
(Lissi!)

Und dann dachte ich: Vielleicht würde Lissi sich besser fühlen, wenn sie ein wenig Auslauf draußen an der frischen Luft hätte. Außerdem würde es ihr vielleicht beim Abnehmen helfen! JA!

Ich holte Max' alten Laufstall aus dem Schuppen und stellte ihn auf dem Rasen auf, nur für den Fall, dass Lissi wieder versuchen würde zu entwischen. (Oder noch andere Nachbarn erschrecken wollte. Herr Supramaniam wirft mir IMMER NOCH ängstliche Blicke zu, wenn ich ihm auf der Straße begegne, als würde ich heimlich planen, ihn wieder an den Rand eines Herzinfarkts zu bringen.)

Ich hätte mir aber keine Sorgen machen brauchen. Lissi lag einfach nur da, wie eine dieser Deko-Tierfiguren, die Leute in ihre Gärten stellen.

Da hüpften jedoch eine Menge anderer Sachen in der Gegend herum.

SACHEN, DIE ICH IM GARTEN ENTDECKT HABE:

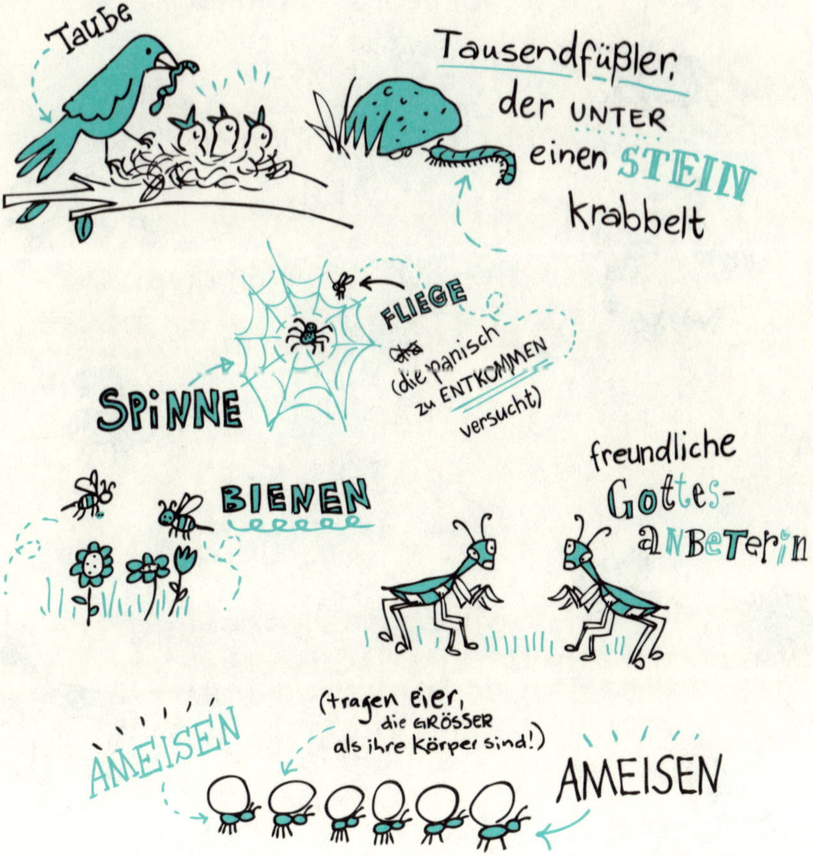

Es war fanTASTisch!

So fantastisch, dass ich dieses Gedicht darüber schrieb.

Vornehme Spinnen
Eifrig weben
Fleißige Ameisen
Eier heben

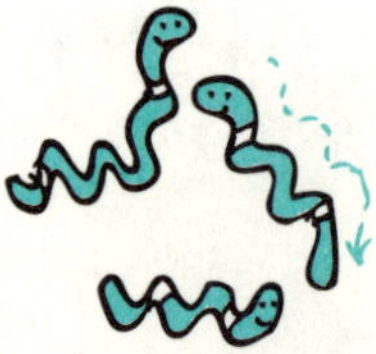

Wühlende Würmer
Emsige Bienen
Falter flattern
Wie Ballerinen

Grüne Grashüpfer
Täubchen im Nest
Geh in den Garten –
Es ist ein Fest!

Donnerstagabend, Uhrzeit ist doch egal

Mir wollte IMMER NOCH nichts einfallen, wie ich meine Kunden zurückbekommen könnte, deshalb beschlossen Zoe und ich, eine weitere Krisensitzung in meinem Zimmer abzuhalten. Ich war SO VERZWEIFELT, dass ich sogar Olivia reinließ, nur für den Fall, dass sie irgendwelche gute Ideen hatte. (Hatte sie nicht.)

Wir holten eine Menge Knabberzeug aus dem Küchenschrank und häuften es auf meinem Bett auf (und das bedeutete, dass kein Platz mehr für Bob war, stattdessen saß er auf dem Boden und beäugte sehnsüchtig unser Essen). Dann machten wir uns an die Arbeit.

UNSERE IDEEN UND DIE GRÜNDE, WARUM SIE NICHT ERFOLGREICH SEIN WÜRDEN

IDEE	GRÜNDE, WARUM SIE NICHT ERFOLGREICH SEIN WÜRDE
Nichts tun 	Diese Idee ist einfach nur dämlich und verplempert bloß Zeit.
Hoffen, dass Penny eine Tierallergie bekommt wie Zoes Mama	Das gilt auch für diese Idee. 
Alle Telefonnummern auf den Postern wieder zu MEINER Telefonnummer umändern	Penny wird sie wahrscheinlich einfach zurückändern.

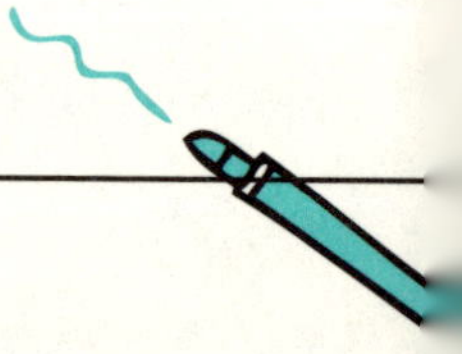

Pennys Kunden erzählen, dass sie an der Occhilupo-Krankheit leidet, die höchst ansteckend und für Tiere, vor allem Hunde, lebensgefährlich ist

Wie sollen wir alle Kunden finden und überhaupt, die Occhilupo-Krankheit habe ich nur irgendwann erfunden, um nicht zur Schule gehen zu müssen. Wie du siehst, bin ich jetzt so RICHTIG verzweifelt.

Es ist total hoffnungslos. Ohne Tiere, die ich erforschen kann, werde ich nie eine Spitzentierexpertin werden. Oder Fleißsternchen von Frau Weiss bekommen.

Mein Leben ist vorbei.

Gute Nacht, liebes Tagebuch. Manchmal glaube ich, nur dir ist das alles nicht egal.

Ich drück dich.

Samstagnacht, LANGE nach meiner Schlafenszeit (aber ich bin zu aufgeregt, um zu schlafen)

Liebstes, herzlichstes und allerbestes Tagebuch in der ganzen wilden Welt,

Rate mal, was heute passiert ist?!!!!

Ich war mit Bob auf dem Weg in den Park, um wie jeden Tag mit ihm Gassi zu gehen, als Margarete aus ihrem Haus kam und mich zu ihr winkte. Sie fragte, ob es mir etwas ausmachen würde, Gonzo auch mit in den Park zu nehmen.

Natürlich musste ich sie da fragen, warum „dieses nette Mädchen" nicht mit ihm Gassi ging, und Margarete erklärte mir, dass einer der Hunde, die sie spazieren führt, Ringelflechte hatte (igitt). Und jetzt hatte Penny sie auch (ha!), weil sie sich nicht ordentlich die Hände gewaschen hatte, nachdem sie den Hund angefasst hatte. Und jetzt hat die Hälfte der anderen Hunde, die sie ausführt, auch eklige Ringelflechte.

Margaretes Freundin Henrietta (ihr gehört der Zwergpudel) hatte ihr das alles erzählt, während sie nebeneinander beim Friseur saßen und sich ihre Dauerwellen machen ließen.

Und sie sagt, ES KOMMT NICHT IN DIE TÜTE*, dass Penny Gonzo weiter spazieren führt, für den Fall, dass er es auch kriegt. Ringelflechte ist HÖCHST ANSTECKEND, genau wie die Occhilupo-Krankheit, wenn sie eine echte Krankheit wäre.

JUHU!!

* Niemand wird eingetütet. Ist nur so ein Ausdruck.

Arme Penny. Vielleicht sollte ich ihr eine Gute-Besserung-Karte schicken.

☺

Und weißt du, was noch?!!!
Henry war hier, um Lissi abzuholen. Als er sich runterbeugte, um sie aus dem Terrarium zu nehmen, meinte er: „Oh, wow!"

Und nicht, weil sie so fett war. Sondern, weil sie gerade dreizehn Junge bekommen hatte! (Das sind zehn Junge mehr als die junge Löwin aus dem Film, die zurück in die Wildnis entlassen wurde.) Sie wuselten wuselig neben ihr im Terrarium.

Henry sagte, er würde warten, bis sie ein bisschen größer sind, und sie dann auch in die Wildnis entlassen. Aber das BESTE ist: Wenn ich will, kann ich eins von Lissis Babys behalten! Für immer und ewig! Deshalb suchte ich mir ein besonders wuseliges mit einem netten Lächeln aus. Ich werde es Iggy taufen.

Iggy bleibt erst mal bei Henry, bis sie groß genug ist, um allein zu leben. Aber weißt du was? Ich werde sie nicht in einem Terrarium halten. Ich werde sie im Garten leben lassen**, mit all den anderen wilden Tieren, wo sie hingehört.

** Nachdem ich Bob beigebracht habe, sie nicht zu apportieren, um TRAGISCHE UNFÄLLE zu vermeiden.

Und weißt du, was noch?!!!

Obwohl Prinzessin Penny meinen Haustier-ausführdienst ruiniert hat, kann ich DOCH NOCH eine Spitzentierexpertin werden.

Es leben eine ganze Menge von interessanten und fantastischen Tieren GLEICH HIER IN MEINEM GARTEN.

Und ich werde fantabulös-fantastische Steckbriefe über sie alle schreiben.

Morgen geht's los.

Alles Liebe, Ella

PS (eine Woche später)

Weißt du was?!! Henrietta hat Margarete gebeten, mich zu fragen, ob Zoe und ich ihre beiden Pudel Fluffi und Trixibelle ausführen könnten. Du weißt schon, wegen Penny und der RINGELFLECHTE.

Und weißt du, was noch?!

Die anderen Hundebesitzer wollen auch, dass wir ihre Hunde spazieren führen.

Wir könnten reiche Handels~~magnete~~magnate werden!

Aber weißt du was, liebes Tagebuch? Jetzt da ich Iggy und meine wilden Tiere habe, reichen zwei Hunde völlig aus.

Fürs Erste. ☺

Bis dann!

PPS (zwei Wochen später)

Pennys Ringelflechte hat sich weiter AUSGEBREITET. Jetzt hat sie sie überall auf ihren Armen und Beinen.

Und Prinny und Jada haben sie jetzt auch.

Äks.

Bis zum Ende des Halbjahrs dürfen sie nicht zurück in die Schule.

JUHUU!

Alles Liebe, Ella

SchwabbelBAuch
Werwolf Katze
Beste Freundin
Zoe
FIESES
Penny
GRINSEN
Glitzer
hisssssss...